# Alfred Jarry

# Le
# Moutardier du Pape

1907

# Le Moutardier du Pape

# ALFRED JARRY

# Le
# Moutardier du Pape

## Opérette Bouffe

*En trois Actes*

ORNÉE D'UN PORTRAIT DE L'AUTEUR PAR F.-A. CAZALS
ET DE VIGNETTES PAR PAUL RANSON

MCMVII

# PERSONNAGES

Jane of Eggs, papesse sous le nom de Jean VIII.
Le Grand Moutardier Macaro.
John of Eggs, ambassadeur d'Angleterre.
La Camérière Secrète.
Le Grand Muletier.
Main-Forte de Costo, colonel des zouaves pontificaux
L'Ambassadeur de Belgique.
L'Ambassadeur d'Allemagne.
Le Concierge du Vatican.
Le Grand Papetier.
Le Capitaine Cooks.
Ambassadeurs, cardinaux, touristes, salutistes, muletiers, porte-bulles, batonniers, gondoliers, zouaves pontificaux, gardes écossais, gardes suisses, petits moutardiers de la chapelle Sixtine, fidèles, ballets des vierges sages et des vierges folles, apothicaires indignes.

*La scène est à Rome, en l'an 8...*

# ACTE PREMIER

Cabinet de toilette du pape

LE PAPE, LA CAMÉRIÈRE, LE GRAND MOUTARDIER,
LE GRAND MULETIER, LE GRAND PAPETIER, PETITS
MOUTARDIERS DE LA CHAPELLE SIXTINE, DIGNI-
TAIRES DIVERS.

> Le Pape est dans le fond sur une
> sorte de trône. La Camérière l'ha-
> bille.

CHŒUR

O Rome ! reçois dans ton sein
Jean Huitième, notre Saint Père,

Qui, s'il a tout pour être saint,
Doit avoir tout pour être père.
Espère,
O Rome,
Qu'il se montre homme.
O Rome, reçois dans ton sein
Le Saint Père !
Gloire au Saint Père,
Gloire au saint homme !

LE MOUTARDIER

Je suis le Moutardier qui se pousse du col.
Grand maître des cérémonies,
Condiment des cérémonies,
Je colle
Sur tout des étiquettes infinies.
Je veille au protocole,
Je suis le Moutardier qui se pousse du col.
J'impose silence à la foule qui babille,
Et pour l'instant je dis qu'il faut que l'on habille
Sans retard,
Petits moutards,
Je vous le dis en vérité,
Que l'on habille
Sa Sainteté !

Du trésor de la basilique
Sortez la tiare authentique !




Vous êtes Pierre,
Sur cette pierre
Posez les clefs du paradis :
Un', deux : elles sont deux et non pas dix,
*Miserere, de profundis,*
Les clefs de l'apôtre saint Pierre.




Voici, selon la formule,
La mule où se dissimule
Le pied, où le pied est clos.
Sois clos à l'aise,
Pied que l'on baise !
Mule, agite tes grelots !
Dansez, selon la formule,
Dansez le pas de la mule !

Vous n'allez pas
Au pas
Quoiqu'vos deux mul's, Saint Père,
Fass'nt joliment la paire ;
Le trot
Ce serait trop...
Hé non ! ce n'est pas trop.
Tintinnabule, mule,
Car l'utilité des galops
C'est de secouer les grelots.

*Fin du pas de la mule.*

LA CAMÉRIÈRE

Il a fort bien  dansé. Ce jeune pape  est extraordi-
naire.

LE GRAND MULETIER

Le pape sait tout  faire très bien, c'est son métier :
Il est infaillible.

Tout ! Je pense que Sa Sainteté ne se permet pas
tout (Soupir). Elle n'est point comme ses prédécesseurs
avec la grande camérière (Soupir) ! Sa chair est forte.
Mais, enfin, notre jeune pape est charmant, et une
femme même n'eût pas montré tant de grâce et de
légèreté.

AIR

I

Car il a tout d'une papesse
S'il n'a rien d'un pape, je croi.
Il faut que ma vertu confesse
Que j'eus trois papes morts... sur moi.
Celui-ci, vierge et sans émoi,
A rose joue, imberbe bouche,
Et la pudeur qui s'effarouche.
   Est-ce un pape ? Est-ce
     Une papesse ?

II

Moi, la camérière secrète,
Ce jeune pape ténébreux

— 13 —

Ne m'admet point à sa toilette.
Il se cache comme un lépreux,
Se cache comme un amoureux.
Je n'ai vu que sa chevelure
Et, quand il bénit, sa main pure.
Est-ce un pape ? Est-ce
Une papesse ?

LE MOUTARDIER

Ma fille, vous mériteriez l'excommunication ! mais, heureusement pour vous, vous ne savez pas ce que vous dites. Il n'entre pas de femme dans le conclave des cardinaux et c'est déjà trop de tolérer une camérière ici. Il s'est écoulé bien des temps depuis ces absurdes légendes de papesses. En notre siècle de progrès, au IXe siècle, la cérémonie qui se prépare est vraiment superflue.

LA CAMÉRIÈRE

Ah oui, la Chaise !

Je dis superflue, mais comme Grand Moutardier,
c'est-à-dire grand maître de toutes les cérémonies,
je dois veiller à ce que toutes les formalités soient
d'autant mieux observées qu'elles sont plus super-
flues.

AIR

La Chaise,
Ne vous déplaise,
Est, comme il sied,
Le siège,
Le Saint-Siège,
Sous les auspices du Sacré Collège,
Où le pape s'assied.

C'est un nimbe, une auréole,
Dont il se coiffe au verso.
L'écuyère en haute école
Ainsi perce le cerceau.

Je vous le dis sans arrière-pensée,
C'est en deux mots une chaise percée,
Margelle du puits de la vérité,
Lunette de l'infaillibilité.

On y voit si le Saint Père
A bien tout pour être père.
La Chaise,
Ne vous déplaise (*etc.*).



### SCÈNE II

### JANE, LE MOUTARDIER

#### LE MOUTARDIER

Ouf ! Ça a été long, mais ce costume te sied à ravir et tu es charmante dans ce travesti.

#### JANE

Tu trouves ? Moi, je trouve que ça fait chaud. Alors, maintenant, on peut poser tout ça ?

#### LE MOUTARDIER

Tu as mis un corset ? C'est très imprudent !

AIR

Un corset, c'est très imprudent ;
Aux yeux sceptiques, nul n'échappe :
Un corset, porté par le pape,
Un corset, c'est sans précédent !

JANE, sur les genoux du Moutardier.

C'est ta diable de chaise qui est une imprudence.
Là... (Vocalisant) la la la la la la la la...

C'est pas mon corset qu'on verra.

LE MOUTARDIER

Peuh ! On inventera quelque chose au dernier moment.

JANE

Elles sont chouettes, tes inventions. Quand on en-
lève une Anglaise et une femme mariée encore, ça
peut paraître drôle d'abord d'avoir l'idée, pour la
cacher, de la mettre pape. J'ai commencé par trouver
ça très chic. Ça prouve que tu as de belles relations.

LE MOUTARDIER

On fait ce qu'on peut.


JANE

Et puis, tu sais, t'as rien à dire. Je t'ai nommé Grand Moutardier. Ça te fait tout de même mon premier grand dignitaire et comme ça je t'ai toujours sous la main.


LE MOUTARDIER

Ma chérie, quel honneur !


JANE

Dis donc ! Tu pourrais pas supprimer la cérémonie de la Chaise ? Ça m'embête.


LE MOUTARDIER

Merci pour cette bonne parole.

Il l'embrasse.

Alors, la Chaise, c'est rasibus ?



Ça, jamais. Je manquerais à tous mes devoirs.



Tes devoirs ! Votre devoir, Monsieur, c'est d'être
mon amant et d'être prêt au doigt et à l'œil. Ainsi,
pour la Chaise, t'es pas jaloux ?

Un temps.

Alors... mets-y un couvercle.



C'est défendu. Et puis qu'est-ce que ça te fait ?
C'est moi qui regarde.



Toi tout seul ?

LE MOUTARDIER, à part.

Rassurons-la.

A Jane.

Moi tout seul !

JANE

C'est pas terrible.

LE MOUTARDIER, se levant furieux.

Tu voudrais sans doute qu'il y en eût d'autres !

JANE

J'ai pas dit : beaucoup d'autres.

LE MOUTARDIER

Sachez, Madame, que moi seul c'est assez ! Et que
j'en ai assez ! Dire que j'ai été obligé, de peur d'acci-
dent, de ne pas laisser auprès de vous d'officier du

sexe auquel j'appartiens : ça aurait fait du joli si le
Pape avait peuplé le Vatican de petits enfants dont il
aurait été la mère ! Non, Madame, personne ne re-
gardera, que moi !

JANE

C'est bien. Faut pas te fâcher.

LE MOUTARDIER

Je ne me fâche pas.

JANE

Viens m'embrasser.

LE MOUTARDIER, embrassant la papesse.

Tiens !... Et puis c'est amusant d'embrasser le
Pape ailleurs que sur sa mule.

JANE

J'te crois !

LE MOUTARDIER

Tu es mieux en Pape qu'en Anglaise.

JANE

Mon amour !

JANE, LE MOUTARDIER, ensemble.

I

Ne pensons plus qu'à notre amour.
Notre perpétuel délice
Semble toujours n'avoir qu'un jour,
Et la pourpre cardinalice
Te }
Me } donnait l'air moins souverain,
Mon cher, }
Ma chèr', } que ce jaune serin.

II

Papess' Jeanne, ma }
Chère Jeanne, ta } papauté
Règne en maîtresse sur le monde

Ainsi qu'y régnait ma | ta { beauté,

L'or de ma | ta { chevelure blonde.

J'eus toujours | Vous avez { pour le travesti

Un goût qui ne s'est démenti.


### III

Te souvient-il | Il m'en souvient { quand sous les roofs,

Dans les cabines des navires,

Je promenais mes | Tu promenais tes { waterproofs

Te souvient-il | Il me souvient { de nos délires ?

Il me souvient | Te souvient-il { du voile vert

Qui te | Qui me { cachait le ciel ouvert ?


### IV

Femme coquette ou Père Saint,

Qui que je | Qui que tu { sois, Romaine, Anglaise



4

L'amour qui brûlait dans $\left\{ \begin{array}{l} \text{ton} \\ \text{mon} \end{array} \right.$ sein

$\left. \begin{array}{l} \text{Je le déclare} \\ \text{Tu l'avoûras} \end{array} \right\}$ avant la Chaise,

Moquons-nous de ce qu'on verra,
C'n'est pas l'amour qui changera !


LE MOUTARDIER

Tout ça c'est charmant. Mais ce qui m'inquiète
toujours c'est ton mari. S'il venait à Rome ?


JANE

Il ne me reconnaîtra pas plus que les autres. Et
puis, il ne viendra pas. C'est un Anglais. Il me disait :
« Jane, I love you. » Quel imbécile ! Les Anglais, ça
reste en Angleterre, de l'autre côté de l'eau.


LE MOUTARDIER

Mais non ! D'abord tous les chemins mènent à
Rome, ce qui explique l'affluence ici. En outre, les
fêtes de la cérémonie, de ta cérémonie ont attiré des
touristes de toutes les nationalités. Les hôtels meu-

blés sont hors de prix. Il y a beaucoup plus de
touristes anglais que de touristes d'autres pays.
La statistique est là, Madame : s'il y a neuf cent
quatre-vingt-dix-neuf Anglais sur mille étrangers, il
y a mille chances sur neuf cent quatre-vingt-dix-neuf
que l'un de ces Anglais soit votre mari. (A part.) Je
crois que je me suis trompé, mais ça l'impressionne.




Mais, au fait, tu as raison. Il est à Rome ! J'ai vu un
homme à la procession, de dessous mon dais, un
homme en complet à carreaux, à favoris roux, qui
me regardait. J'ai reconnu son lorgnon ! C'est lui !


LE MOUTARDIER

Ah ! Tu exagères !...

A part.

Elle va se trouver mal ! C'est pas le moment !... (Haut.) Défendons-nous contre lui. Prenons
des précautions.

JANE

Ah ! oui !

LE MOUTARDIER

J'ai une idée !

JANE

C'est étonnant !

LE MOUTARDIER

Hein ?

JANE

Je dis : c'est pas trop tôt !

LE MOUTARDIER

Je vais fermer...

JANE

Le Saint-Siège ?

LE MOUTARDIER

Non pas! Je te répète que c'est défendu. Je vais
fermer toutes les portes du Vatican. Personne n'entrera ici !

JANE

Personne?

LE MOUTARDIER

Personne.

JANE

Et la laitière ? Et la marchande à la toilette ? Et la
manucure ? Et le mouron pour les petits oiseaux ? Et
tous les fournisseurs ?

LE MOUTARDIER

Il n'entrera d'autres fournisseurs, Madame, que

les ambassadeurs des puissances étrangères. Et pour
qu'il n'en entre pas trop on leur fera payer un droit
d'entrée. Ils passeront par le tourniquet du musée.


JANE

Dis donc, ils vont bientôt revenir, tes muletiers,
moutardiers et autres grands papetiers?


LE MOUTARDIER, tirant sa montre.

Dans six minutes. Je vais téléphoner, sans fil pro-
visoirement en attendant qu'on en invente, les ordres
pour l'entrée des ambassadeurs.


JANE

C'est ça ! Qu'ils ne donnent pas au tourniquet mes
propres pièces, à ma cour ça n'a pas cours.


LE MOUTARDIER, après avoir téléphoné dans un coin.

Maintenant, rhabille-toi. Les dignitaires vont venir.

JANE

Ah ! zut !

Pendant que le Moutardier rhabille la<br>Papesse, ils reprennent le dernier<br>couplet du duo.

*SCÈNE III*

LES PRÉCÉDENTS. Tous les DIGNITAIRES rentrent. Puis<br>les AMBASSADEURS

LES DIGNITAIRES chantent le chœur du début :

O Rome, reçois dans ton sein, etc.

UN GARDE SUISSE, criant.

Leurs Excellences les ambassadeurs et diplomates des puissances étrangères demandent audience !

Ils se bousculent à la porte pour<br>entrer d'une façon grotesque.

— 29 —

Messieurs, attention, ne parlez pas tous à la fois.



Mais, godverdoum ! qui est-ce qui va parlaïe le premier, alorss ?



Ce ne sera pas vous, toujours, le Belge.



Ché feux qué c'est moi ! Ché férai le tiscours.



Tais-toi, Guillaume ! Les premiers seront les der-
niers, comme dans l'Évangile.



Ouaïe ! Alors quel ordre est-ce que tu prends, dô ?

LE MOUTARDIER

Attendez ! Tiens, c'est bien simple ! De l'alpha jusqu'à l'oméga. Dans l'ordre alphabétique !

L'AMBASSADEUR BELGE

Tu es farce !

L'AMBASSADEUR ALLEMAND

Et inzolent ! Et l'alphabet en quelle langue, don-
nervetter ?

LE MOUTARDIER

En français, langue diplomatique !

LE GARDE SUISSE, criant.

Par ordre alphabétique ! La lettre A ! Son Excel-
lence l'Ambassadeur d'Angleterre est admis au
baise-mule de sa Sainteté !

— 31 —

JANE, pinçant le Moutardier.

La gaffe ! La gaffe !

L'Ambassadeur anglais entre à quatre<br>pattes, ainsi que sa suite écossaise,<br>pour le baise-mule.

LA CAMÉRIÈRE derrière eux.

Quels beaux hommes !

CHŒUR DE LA GARDE ÉCOSSAISE, l'Ambassadeur et les Ecossais restant à<br>quatre pattes.

C'est nous les gardes écossais,<br>
Et nous sommes couverts de plaids,<br>
De plaids écossais<br>
En vrais patriotes.<br>
Nous n'avons pas d'bottes,<br>
Nous sommes troussés,<br>
Et nous ressemblons presque,<br>
Sans distinction d'sesque,<br>
Vaillante soldatesque,<br>
A des sans-culottes français !

Et s'il faut que l'on se batte<br>
Parmi<br>
L'enn'mi,

Il vaut mieux se mettre à quat' pattes
Au risqu' d'exposer ses derrières :
Ce sont les risques de la guerre,
    L'enn'mi par derrière
    Et devant l'ami.
Notr' culotte aux genoux n 'fait pas de plis
    Et c'est plus poli !


C'est nous les gardes, etc.

L'Ambassadeur anglais s'avance à quatre pattes au pied du trône du Saint Père.


JANE

Ah ! mon mari !

Elle s'évanouit et tombe à la renverse, tandis que l'Ambassadeur anglais reste prosterné.


VERSETS ET RÉPONS


LE MULETIER, basse, soutenu par les chanoines.

Le Saint Père se trouve mal ! — Qu'on le dégrafe ! —
Il a trop chaud — Que l'on apporte une carafe.

Animal ! — Le Saint Père se trouve bien — Cela ne
sera rien — Il a pris froid — Que l'on remporte la carafe — Qui servira une autre fois — Et son manteau
qu'on le ragrafe !

### LE MULETIER

Tapez-lui dans les mains — Tapez fort — Encore ! — Il
y a de l'espoir — Bassinez-lui le front — A fond — Où
est la bassinoire ?

### LE MOUTARDIER

Non, il vaut mieux lui mettre une clef dans le dos —
Ce remède rien ne le vaut — Quelqu'un de la société —
A-t-il une clef à prêter ? — En voici une, ce qui est
bien — Et le pape s'en trouvera bien — En voilà même
deux — Ce qui est mieux.

### TUTTI

Le Saint Père se trouve mieux.

*Fin des Versets et Répons.*

Le Moutardier a saisi l'une des clefs
pontificales. Le Grand Muletier
tient la seconde clef.

LE MOUTARDIER

Parlant bas et vite au Muletier en lui<br>montrant la tête de l'Ambassadeur<br>anglais prosterné.

Laisse-la tomber sur sa tête !

LE MULETIER

Plaît-il ?

LE MOUTARDIER

Imbécile !

Il lui marche sur le pied. La clef<br>tombe et manque l'Ambassadeur<br>anglais.

Raté !

JANE, revenant à elle.

Il ne m'a pas reconnue !

LE MOUTARDIER

Eh bien, monsieur l'ambassadeur, baisez la mule
et formulez votre requête.

— 35 —

AIR

Jane ! Jane !
Nous coulions
En Albion
D'heureux jours
Courts, trop courts,
Jane ! Jane !
Quand sans gêne
Ell' me lâ-
  Cha là !
Un prélat
Cardinal,
Mon rival,
Fort brutal,
La sédui-
  Sit.
C'est celui-
  Ci
Ou celui-
  Là.
Oh ! qui me rendra l'inhumaine ?
Jane ! Jane !

Il a d'la peine,
Il a du cœur.
C'est nous le chœur !
Ecoutez, Sir —
On prononc' : seur —
Où y a d' la Jane
Y a du plaisir !

| SIR JOHN | JANE, à part. |
|---|---|
| Grand Saint Père, l'avez-<br>vous vue ? | Non, il ne m'a pas recon-<br>nue ! |

LE MOUTARDIER, parlé.

Nous sommes désolés, bien désolés de ce qui vous arrive, mais dites-nous comment est Jane. Nous ne l'avons point vue.

SIR JOHN OF EGGS, se relevant peu à peu.

AIR

I

Elle a de tout petits petons,
Petits, petits... comment peut-on

A sa pantoufl' de Cendrillon
        Trouver la paire ?
Petits, petits... hé mais, Saint Père
— Que m'excuse Sa Sainteté
De la très grande liberté,
Successeur du princ' des apôtres —
Petits, petits... comme les vôtres.


## II

Elle trouss' sa jup' de satin
D'un petit coup de doigt mutin
Qui la f'rait prendr' pour un' catin,
        Une adultère ;
D'un petit coup de doigt, Saint Père
    — Que m'excuse Sa Sainteté
    De la très grande liberté,
Successeur du princ' des apôtres —
D'un petit doigt... comme le vôtre.


## III

Sa taille est un arbuste droit,
Sa taille est un sceptre de roi,
Sa ceinture un collier étroit
        Qui désespère ;
Etroit, étroit, hé mais, Saint Père

— Que m'excuse Sa Sainteté
De la très grande liberté,
Successeur du princ' des apôtres —
Etroit, étroit comme la vôtre.

IV

Si je revoyais ses beaux yeux,
Si je me haussais jusqu'à eux,
Sombres, méchants, mystérieux
    Comme un repaire,
Si je les revoyais, Saint Père
— Que m'excuse Sa Sainteté
De la très grande liberté
    Et du sans gêne...

Désignant la Papesse.

**Mais c'est toi, Jane !**

CHŒUR DES DIGNITAIRES

**Energumène !**
La mort n'est pas assez !
Sacrilège ! Folie !
Mais l'oubliette est là de peur qu'on ne l'oublie.
Jetez le sacrilège au fond de l'in-pace.

— 39 —

6

Trahison ! Trahison !
Politesse, obligeance
Ne sont plus de saison.
Vengeanc' ! vengeanc' ! vengeanc' !

Très vite.

Car si le pape est infaillible,
L'ambassadeur est inviolable,
Inviolable comme la Bible
Et comme la loi des douz' tables !
Si le pape n'est pas un pape,
Oui, si le pape est une attrape...



Est-ce un pape ? Est-ce
Une papesse ?



Alors il n'est plus infaillible ;
La vengeance sera terrible,
Car si le pape est infaillible
L'ambassadeur est inviolable !

Silence ! Silenc' ! Silence !
Que votre souci s'allège !
Ce soir le Sacré Collège
Dissipant tout sortilège,
Démasquant le sacrilège,
Grâce au ciel qui nous protège,
Déjouant et fraude et piège
Inaugure le Saint Siège.
Ce soir, à six heures,
La preuv' la meilleure !
Calmez-vous, garde écossaise,
On vous renvoie à la Chaise.

TOUS

A la Chaise !

*Fin du premier acte.*

# ACTE II

## PREMIER TABLEAU

Une chambre du Vatican. Rideaux mobiles sur toute la largeur
du fond.


### SCÈNE PREMIÈRE

JANE, LE MOUTARDIER, tous deux en déshabillé galant.


#### LE MOUTARDIER

Qu'est-ce qu'on va faire, maintenant, avec cet
Anglais ?

#### JANE

Encore ? Ah non, zut ! Tu es trop mufle ! T'en as
pas assez d'avoir enlevé une honnête femme à son

mari ? Il faudrait encore que tu enlèves un honnête
mari à sa femme ? c'est dégoûtant !


LE MOUTARDIER

Saint Père !


JANE

On ne froisse pas ainsi quelqu'un dans ses con-
victions conjugales. Il croyait que j'étais sa femme,
cet homme. Il en avait du toupet ! Mais ça prouve
qu'il avait aussi de la perspicacité, et de la mémoire.
Et puis ça fait toujours plaisir.


LE MOUTARDIER

Voyons, Saint Père, ma petite Jeanne !


JANE

Et puis toi, tu sais, tu ne sais pas l'anglais. Hein ?
Il disait : Jane ! c'est plus *modern style*. Toi tu dis :
Jeanne, comme : âne ! c'est commun. Est-ce que tu
me prends pour Jeanne d'Arc ?

— 46 —

LE MOUTARDIER

C'est vrai ! Je n'aurais pas dû mettre cet Anglais à
la porte ! En somme, il avait payé sa place au tourniquet ! Et puis, s'il était ici, il pourrait faire la compa-
raison, et alors, je le plaindrais bien cet insulaire.

JANE

Dis donc !

LE MOUTARDIER

Quoi ?

JANE

Il n'est pas parti ?

LE MOUTARDIER

Non. Il est vis-à-vis du Vatican, à l'hôtel du *Nain
Jaune.*

Va le chercher.



Hein ?



J'ai mon idée.



Je me méfie.



Tu dis ?



Je m'en rapporte, Saint Père, à votre infaillibilité.



Sois tranquille. Je le raterai pas.

LE MOUTARDIER

Ah !

JANE

Mon chéri, ce que j'en fais, tu sais, ce n'est que pour te faire plaisir. Quand mon mari sera ici, tu nous laisseras seuls ensemble.

LE MOUTARDIER

Quoi ?

JANE

Je dis : seuls. Mais nous ne serons pas seuls, puisque nous serons ensemble. Ceci doit rassurer ta jalousie.

LE MOUTARDIER

Mais c'est ton mari !

JANE

Peuh ! Est-ce qu'on fait attention à ces choses-là ? Donc, mon mari se jette sur moi, à mes pieds. Car il m'aime, tu sais, lui.

— 49 —

Il se jette sur toi !



Eh ! Il n'y a pas de danger. Je mettrai mes mules.
Et s'il me chatouille...



Comment, s'il te chatouille ?



Alors, s'il me chatouille, je danserai le pas de la
mule et tu sortiras de la cachette, et nous le ferons
arrêter pour crime de lèse-papauté.



Mais y a-t-il une cachette ici ?



Pour sûr.

**LE MOUTARDIER**

La cachette, autant que je sache,
Est un endroit où l'on se cache,
Un observatoire en sous-sol
D'où l'on surgit comme un guignol.
De ce trou, s'il est nécessaire,
L'on peut fondre sur l'adversaire,
Ou, si l'on veut se ménager,
Attendre la fin du danger.

**JANE**

Va te cacher, va te fair' fiche,
Car je te renvoie à la niche.
C'est le double fond du placard
Où l'on met l'amant au rancart.
Il s'enferme sans défiance,
Puis l'on endort sa patience
D'un : « Sois bien sage, mon chéri »,
Et l'on fait risette au mari.

**LE MOUTARDIER**

Très bien.

JANE

Donc, tu te fourreras dans la cachette. Il n'en faut
pas bouger jusqu'à ce que tu entendes les grelots des
mules. A ce son connu, tu bondiras.


LE MOUTARDIER

Je bondirai comme un lion altéré de carnage.


JANE

Eh! sois prudent! Il vient peut-être ici pour me
tuer!


LE MOUTARDIER

Pour nous tuer tous deux. Ça, je me l'étais toujours dit!


JANE

Mais j'aurai du courage pour nous deux. Je saurai
montrer que le pape est vraiment homme.

**LE MOUTARDIER**

Voilà qui me rassure.


JANE

Alors, va vite chercher mon mari !

A part.

Ah ! je languis ! Ah ! my dear !


**LE MOUTARDIER**

J'y cours !

Il ouvre une porte.

Camérière, allez vite chercher cet Anglais.


## SCÈNE II

LE MOUTARDIER, JANE, LA CAMÉRIÈRE


LA CAMÉRIÈRE

Quel Anglais ?

LE MOUTARDIER

L'ambassadeur anglais.

LA CAMÉRIÈRE

Mais ils sont des tas dans l'ambassade.

JANE

Allez chercher le plus bel homme !

LA CAMÉRIÈRE

J'y vas !

## SCÈNE III

### LE MOUTARDIER, JANE

LE MOUTARDIER

Le plus bel homme ! Quel cri du cœur !

Eh ! bien oui, le plus bel homme ! Sans cela, aurais-je permis qu'il m'épousât ?




Mais moi, alors, je ne suis pas le plus bel homme ?
Et, pourtant, il me semble, Madame, que vous
m'avez préféré à ce mari, enfant de la perfide Albion ?




Vous !... Ah ! moi, ça me repose des beaux
hommes. Qui peut le plus peut le moins. Et puis,
celui que j'aime, c'est le changement. Tu n'es pas
comme mon mari, toi. Il est costeau, tu sais, mon
mari. Il boxe, comme tous les Anglais, il assomme
un bœuf d'un coup de poing.




Sport barbare !

JANE

Il arrête un cheval emballé quand il n'a pas misé
dessus !

LE MOUTARDIER

Hé ! Hé !

JANE

T'as peur ?

LE MOUTARDIER

Moi ? Jamais ! Mais, pour charmer nos loisirs et
causer un brin, je voudrais faire chercher Main-
Forte.

JANE

Pleutre, va !

LE MOUTARDIER

Je veux dire notre vieil ami Main-Forte de Costo,
le colonel des zouaves pontificaux.

A part.

— 56 —

Il connaît la boxe anglaise, celui-là. C'est son métier !



Faites monter le colonel Main-Forte de Costo.


JANE, à part.

Ah ! Je vais revoir ce bon John ! Ah ! my dear ! il
y avait longtemps !


*SCÈNE IV*

JANE, LE MOUTARDIER, LE COLONEL

La Papesse se dissimule derrière un
rideau et ne montre que la tête.


LE COLONEL, entrant vêtu en Ecosssais.


AIR

On est allé chercher Main-Forte,
Main-Forte a répondu : Présent !
Main Forte est là, très complaisant.
Y a-t-il quéqu'un qu'i faut qu'on sorte ?

Je me précipite aussitôt.
Oui, mes deux mains sont des étaux.
Je suis le colonel Main-Forte de Costo.
Oui, je suis fort comme une tour,
Oui, ma poitrine est un tambour,
Oyez plutôt ce cri supérieur, suprême :
En avant ! Heu heu heu heu heu heu heu heeeem !




JANE, LE MOUTARDIER, ensemble.

Vous avez vos galons,
Mais votre pantalon ?


LE COLONEL, comptant ses galons.

Deux, trois, quat', cinq, complet !
Mon costume est complet,
Encor qu'un peu simplet !


JANE, LE MOUTARDIER, ensemble.

Son costume est complet
Encor qu'un peu simplet !

Le protocole veut, soucieux de la forme,
Que de ses visiteurs l'on prenne l'uniforme.
Pour faire honneur à la garde écossaise
Laquelle est venue,
En tenue,
Un peu nue,
Je me suis mis à l'aise.
Si ma tenue
Est un peu nue,
Je suis tout de même en tenue.


JANE, LE MOUTARDIER, LE COLONEL, ensemble.


$$\text{Si} \begin{Bmatrix} \text{ma} \\ \text{sa} \end{Bmatrix} \text{tenue, etc...}$$


LE COLONEL, s'adressant à la Papesse, toujours dissimulée derrière
son rideau et dont on ne voit que la tête.

Je pêchais, Saint Père, à la ligne, dans les jardins
du Vatican, comme saint Pierre, comme un simple
saint Pierre sur le lac de Tibériade. Il paraît que ça
ne mord plus sur le lac de Tibériade. Alors les fer-

vents de l'asticot se sont faits colonels, autrement dit
pêcheurs d'hommes.


LE MOUTARDIER

Il n'y a pas de sot métier.


LE COLONEL

Et, pour me faire la main, j'ai attrapé, Saint Père,
ce petit poisson rouge. Veuillez me faire l'honneur
de l'accepter ! Il a la couleur du sang, ce qui accou-
tume à envisager sans trembler l'image de la guerre
et la gloire des combats. En avant ! Heu, heu, heu,
heeem !!!


JANE

Mon vieux coco ! Gardez ! gardez ! Accompagnez
notre Grand Moutardier dans le petit réduit.


LE COLONEL, inquiet.

Quel petit réduit ?

Là, à gauche, mon vieux cocasse. Il y a une porte dissimulée. Poussez sur le bouton. Le moutardier vous expliquera votre mission. Entrez, et ne sortez qu'à mon appel ! Enfermez-vous !


LE COLONEL

C'est une cave obscure !


LE MOUTARDIER

Un cellier garni !


LE COLONEL

Garnison de bouteilles ! En avant !!! heu ! Bouteille, bataille ! Bataille, bouteille !


LE MOUTARDIER, chanté.

Il n'est point de bataille, il n'est que des bouteilles !

JANE

Vont-ils entrer?

AIR

LE COLONEL

> Non point des batailles,
> Ici des bouteilles
> De diverses tailles
> Promettent merveilles !

Ils entrent.

Mais chacune de nos conquêtes
S'agrémente d'une étiquette !
> Etrennons,
> Egrenons
> Ces doux noms !
Bénédictine
Et vespétro
Et grenadine !

LE MOUTARDIER

Parlez moins haut !

— 62 —

En sourdine ! En sourdine !

*Ils ferment la porte de la cave.*

JANE, *sortant de dessous son rideau.*

Ouf !

*Elle se dirige vers la porte de la ca-
chette.*

Soyons prudente. Cric-crac ! Enfermons-les à double tour. Deux précautions valent mieux qu'une !
(Elle les enferme.) Ils sortiront quand je voudrai. Et s'ils
comptent sur le bruit des grelots, qu'ils se fouillent.
Ils n'entendront rien. Oh ! John ! Ah ! John ! Je t'at-
tends ! Et préparons-nous !

*Elle prend un petit miroir, une hou-
pette à poudre de riz et disparaît
tandis que de l'autre côté l'Ambassadeur anglais entre avec la Camérière.*

*SCÈNE V*

SIR JOHN OF EGGS, LA CAMÉRIÈRE


**DUO**


**LA CAMÉRIÈRE**

Il n'est pas pape, l'infâme !


**SIR JOHN**

Je m'en doutais, c'est ma femme !


**LA CAMÉRIÈRE**

Et je suis sûre
De l'imposture.


**ENSEMBLE**

Nous sommes sûrs
De l'imposture.

Dans ma carrière
De camérière,
Voilà trois papes que j'enterre.
Je sais bien comment ils sont faits !


SIR JOHN

Trois ! trois papes ! Trois ! en effet !
Cette femme est originale,
Une femme à papes, je crois.
Créature pontificale,
Je t'aime ainsi, de par ma foi,
Voici ma foi :
Shake hand !


LA CAMÉRIÈRE

Shake hand !


SIR JOHN

C'est ici sa chambre ?

LA CAMÉRIÈRE

Oui.

Minaudant.

Je suis presque jalouse d'elle.

SIR JOHN, à part.

Quelle femme enivrante !

LA CAMÉRIÈRE

Nous nous reverrons, ô bel insulaire !

SIR JOHN

Quand tu voudras, ô divine Tiare !

LA CAMÉRIÈRE

Je te quitte. La papesse va venir ! Adieu !

SIR JOHN

Farewell !

Elle sort. Ils s'envoient des baisers.

*SCÈNE VI*

JANE, SIR JOHN, et, dans la coulisse, LE MOUTARDIER et
le COLONEL

Jane, en déshabillé galant, se préci-<br>pite en scène.

J A N E

DUO

Eh bien, cher mari, my dear,
Comment vous portez-vous ?
Je veux dire
How do you do ?
Mais ne me faites pas de scène !

SIR JOHN

Jane ! Jane !

*Reprise.*

Oui, le Saint Père avait tes yeux,
Le Saint Père avait tes cheveux...

Eh bien, ma chéri', my dear,
Comment vous portez-vous ?
Je veux dire :
Jane, y lov' you !


JANE

Mais vous ne m'faites pas de scène ?


SIR JOHN

No ! no ! no !


ENSEMBLE

Nous coulions
En Albion
D'heureux jours
Courts, trop courts !


SIR JOHN

Jane ! Jane !

Quand sans gêne
Tu me ⎞
Je te ⎠ lâ
Chas ⎞
Chai ⎠ lâ !
Un prélat,
Cardinal,
Mon ⎞
Ton ⎠ rival
— M'est égal —
Te ⎞
Me ⎠ sédui-
Sit.
C'est celui-
Ci
Ou celui-
Là !
Ah ! tu m'es rendue, inhumaine !

JANE

Non, je ne suis plus inhumaine !

SIR JOHN

Jane ! Jane !

**ENSEMBLE**

J'taime ! J'taime !


**JANE**

Will you kiss me ? kiss, kiss, kiss, my dear ?
Je veux dire :
John, I love you.


**ENSEMBLE**

Jane, }
John, } I love you !


**SIR JOHN**

Le Saint Père avait tes cheveux,
Le Saint Père avait tes beaux yeux,
C'est ici la grâce divine,
C'est ici l'image de Dieu,
Divine ! Divine !


**JANE**, se défendant faiblement.

No, no, no !

LE MOUTARDIER, LE COLONEL, dans la cachette.

Bénédictine
Et vespétro !


JANE

Faites risette !


LE MOUTARDIER, LE COLONEL

Et l'anisette,
Parfait amour !
Nous sommes vaincus !


JANE

Je t'aime !


LE MOUTARDIER, LE COLONEL, ensemble.

O crème-
Des-cocus !


SIR JOHN, pâmé.

I love you !

Arrêtez-moi ce voyou !
Il a tenté d'attenter
A notre personne,
Notre Sainteté.
Mais notre bonté
Lui pardonne
Et ne donne
Ordre que de l'arrêter !


## SCÈNE VII

LES PRÉCÉDENTS, LE COLONEL et LE MOUTARDIER,
sortis de leurs cachettes ; LA CAMÉRIÈRE, puis LES DI-
GNITAIRES qui entrent peu à peu. Jane remet à la hâte ses
habits pontificaux.


LE MOUTARDIER, LE COLONEL

Il a tenté d'attenter
A la personne
De Sa Sainteté
Qu'on l'empoigne !

SIR JOHN, au Colonel.

Lâche ivrogne !


LA CAMERIÈRE

Quoi ? Comment ? Il a tenté
D'attenter
A la personne...?
Mais s'il n'a fait que tenter,
Notre bonté lui pardonne.


SIR JOHN

Les femmes, en vérité,
Sont des personnes
Qu'il est bon de redouter,
Qu'il est bon de respecter.
Oui, la femme, en vérité,
Est un'personne
Qu'il est bon de respecter !


CHŒUR

Qu'on l'empoigne !
Mais notre bonté

Lui pardonne
Et ne donne
Ordre que de l'arrêter !


JANE

*Récitatif.*


Il est un gouffre sombre où l'on jett', jette, jette
Tout !
C'est là qu'est l'oubliette
Et le tout à l'égout.
Puisque notre bonté pardonne, qu'on l'oublie !


LE COLONEL, ivre.

Qu'on l'oublie !
Mais qu'on le bourre de coups !


LA CAMÉRIÈRE

N'oubliez pas de l'oublier
Ni de le bien bourrer de coups !
Ou je vous rends mon tablier
Et je m'en retourne cheux nous !

Il est un gouffre sombre, etc...

*Cri final.*

Qu'on l'oublie !

Tous sortent, emmenant Sir John
qui crie lamentablement :

Jane ! Jane !


## SCÈNE VIII

## JANE, LE MOUTARDIER, LE COLONEL

LE COLONEL, agitant une bouteille.

Vespétro ! crème-des-cocus ! Anisette ! Parfait amour !


LE MOUTARDIER

Il est ivre.


JANE

En quelque sorte.

C'est bien fâcheux ! Il a la garde de la Chaise, suivant les formules.


LE COLONEL, riant.

Vespétro ! anisette ! Pernod pur ! mélé-cass' !


JANE

Il a la garde de la Chaise ?


LE MOUTARDIER

Hélas !


JANE

Eh bien, alors, puisqu'il est ivre nous sommes
sauvés !


LE MOUTARDIER

Sauvés ?

JANE

Oui, tu verras.

> Ils emmènent le Colonel. Les ri-
> deaux du fond s'ouvrent, décou-
> vrant la grande salle.

## DEUXIÈME TABLEAU

La grande salle du Vatican. Dans le fond, des fenêtres. A droite
du spectateur, un peu en avant, et non loin de la coulisse, la
Chaise, élevée sur trois marches et surmontée d'un dais soutenu par quatre colonnes où sont attachés des rideaux repliés.
Devant la Chaise il y a une trappe ouverte avec une rampe, et
disposée de sorte que l'on puisse passer sous le siège.
Le défilé commence.


### SCÈNE PREMIÈRE

PERSONNAGES DU DÉFILÉ, puis LE MOUTARDIER,
JANE, LE COLONEL, FOULE


LES MULETIERS

C'est nous les muletiers
    Altiers.
Ne nous taxez point d'incurie
Si nous allons à pied
Comme de simple pompiers:
Les mules sont à l'écurie.

Vanité des vanités, tout est vanité.
Souffler des bulles, c'est construire sur le sable
Celle-là, mais c'est déjà presque un dirigeable.
P... ! auvreté ! calamité !
Vanité des vanités, tout est vanité !
L'une suit l'autre, tel Œdip... ! e !
Suivait Antigone.
Ça se fait avec une pip... ! e !
Comm' les pets de nonne.


LES BATONNIERS

C'est nous les bâtons
De la Chaise.
Nous sommes seize
Qui les portons.
Notre sort fait envie
Car nous menons un' vie
De patachons !
C'est nous les bâtons
De la Chaise.

LES GONDOLIERS, portant une petite gondole.

Nous portons la gaîté partout où nous allons,
Par monts et par vallons,
Jamais dans l'eau,
Ça n's'rait pas rigolo,
Et nous nous gondolons :
Joyeux et familiers,
C'est nous les gondoliers.


UN GONDOLIER, se détachant du groupe, reluque la Chaise.

Je crois qu'il va s'passer quelque chose de drôle :
C'que je m'gondole !

Il tombe dans des convulsions, les
autres l'emportent.


LES ZOUAVES

C'est nous qui somm's les zouaves
Pontificaux.

Nous avons des fez suaves
Au lieu d'schakos.

Nos chéchias sont de braves
        Coquelicots,

On nous gave de raves,
        De haricots.

Nous faisons nos esclaves
        Des moricauds.

Nous gardons les conclaves
        Des cardinaux.


LES CONTROLEURS, petits vieillards tremblotants munis de visières
vertes.

        C'est nous les contrôleurs.
            Nous disputons
        Des goûts et des couleurs
            A tâtons.
        C'est nous les contrôleurs
        Qui regarderons tout à l'heure,
            A notre aise,
            Qui regarderons
        Par dessous la Chaise.
    Nous avons des yeux pénétrants,
    Nous avons des verr's grossissants

Et des tas d'instruments d'optique
Que nous n' sortirons qu'au moment
Psychologique !



LE MOUTARDIER, parlé.

Voici l'heure de la cérémonie.

A part.

O femme ! être ondoyant et serpentin ! que diable
va-t-elle faire ?

JANE, à part au Moutardier.

Fais-moi accompagner jusqu'au siège par le colonel. Tu vois que c'est pas toi tout seul qui vas
regarder.

LE MOUTARDIER, piteux.

Je crois bien, c'est pas moi du tout.

JANE

Obéis !

LE MOUTARDIER

Colonel Main-Forte de Costo, suivant les rites, accompagnez Sa Sainteté jusqu'au Saint-Siège, tirez-lui le rideau et veillez sur elle ! vous êtes le glaive et le pouvoir temporel !

LE COLONEL, titubant un peu et caressant le col d'une bouteille qui<br>sort de sa poche.

La consigne est la consigne ! En avant ! Heeehem !

> Il se dirige avec la Papesse vers le
> siège dont ils escaladent les de-
> grés. Ils ferment trois rideaux
> et négligent de clore celui du
> côté du public, de sorte que le
> public voit encore ce qui se
> passe sur la Chaise mais que les
> figurants en scène sont censés
> en être isolés.

LE MOUTARDIER

Et vous, les contrôleurs, faites votre office ! vous êtes les observateurs spirituels !

— 83 —

A part.

Dieu nous aide !




Marchons à petits pas,
Cette poterne
C'est un peu bas.
Verrons-nous bien tout ?
Avons-nous bien tout ?
A savoir
Tout ce qu'il faut pour voir ?

UN CONTROLEUR, exhibant une énorme lentille.

Hein, cette loupe
Ça vous la coupe ?

UN AUTRE CONTROLEUR

Pour observer dessous ce socle
J'ai mon monocle.

UN AUTRE CONTROLEUR

Un monocle, c'est peu,
C'est même irrévérencieux.
J'ai mieux :
Un binocle !


UN AUTRE CONTROLEUR

S'il est sans peur et sans reproche
Il ne craindra pas l'approche
De ma lunette d'approche
À mesure que la lunette s'allonge.
Proche, proche, proche, proche !
Musique de trombone à coulisse.


CHŒUR DES CONTROLEURS

Avons-nous bien tout ?
Verrons-nous bien tout ?
Avons-nous bien tout
Ce qu'il faut pour voir ?
Il fait assez noir.
N'oublions pas surtout
— Marchons à petits pas,
C'est un peu bas,

Cette poterne —
N'oublions pas surtout
D'allumer notre lanterne.

> Ils allument des lanternes sourdes
> puis disparaissent. Un rond de lu-
> mière se projette au-dessus de la
> chaise près de laquelle le colonel
> vide sa bouteille tandis que Jane
> l'invite sans cesse à boire.

LE MOUTARDIER, à part.

O femme ! femme ! Etre serpentin et ondoyant !
Que va-t-il se passer ?

LES CONTROLEURS, nasillant sous l'estrade.

Saint Père, prenez donc la pein' de vous asseoir
Pour voir !

JANE, au Colonel qui porte sans cesse sa bouteille à sa bouche.

Colonel, on boit mieux assis !

Nasillant.

Colonel, prenez donc la peine de vous asseoir
Pour boire !

Après vous !



Assis ! Ainsi !

Tandis que le colonel s'assied et re-
porte encore la bouteille à sa bouche,
Jane tire le dernier rideau.

VOIX D'EN BAS, puis CHORUS GÉNÉRAL

C'est un pape !



Je n'y comprends rien !

CHŒUR

O Rome, reçois dans ton sein
Jean Huitième, notre Saint Père,
Car il a tout pour être saint,
Car il a tout pour être père !

Sois fière,
O Rome,
Qu'il se montre homme !
Gloire au Saint Père,
Gloire au saint homme !

Pendant ce chœur Jane a relevé le
rideau face au public et poussé hors
de la Chaise le colonel titubant.
Jane s'assied à sa place ; à ce moment la foule enthousiaste se précipite, lève les trois autres rideaux.
Les controleurs ressortent de la
trappe avec force gestes admiratifs.

Gloire au Saint Père !

Apothéose

*Fin du deuxième acte.*

# ACTE III

Les jardins du Vatican, le soir. Illumination aux lanternes
vénitiennes.

*SCÈNE PREMIÈRE*

CARDINAUX, AMBASSADEURS, puis les
PERSONNAGES DU BALLET

Les CARDINAUX assis à des tables battent leur absinthe.

QUATUOR DES CARDINAUX

*Mea culpa, mea culpa, mea culpa,*
Battons notre coulpe
Et la coupe !
Troublons-la, ne nous troublons pas.
Nous sommes quatre
Qui voulons la battre,
La battre avec soin.
Troublons-la, ne nous troublons point.
Vous avez vu dans les journaux

Que c'était nous les quatre points
            Cardinaux,
      Buvant leurs pernods.
Mais à présent nous sommes davantage :
La position a des avantages.
      Quatre à quatre nous la battons.
      Nous voulons la battre.
      Quatre à quatre.
      Pour faire valoir
      La lueur d'espoir
      De la liqueur verte,
De cette porte à l'espérance ouverte,
      Pour en fair' valoir
            Les tons
      Pendant que nous la battons
Et que son flot monte et bouge,
Nous nous somm's mis en rouge.
Troublons-la, ne nous troublons pas,
*Mea culpa, mea culpa, mea maxima culpa.*
      *Maxima*, c'est carabiné,
C'est roué de coups, c'est tanné,
      C'est la liqueur sainte,
      Battons notre absinthe.
Troublons-la, ne nous troublons pas,
*Mea culpa, mea culpa, mea culpa.*

DIVERTISSEMENT



DEMI-CHŒUR des Camérières chantantes : les Vierges Folles.

Oui, le pape nous a ravis,
        Le pape de Rome.
Il s'est montré pape à l'envi
        Et comme un seul homme.
Le voici pape pour la vie,
Car des yeux à qui rien n'échappe,
        Par un'petit' trappe
        L'ont constaté pape.
La Chaise faite pour asseoir
        La papauté
        Est un miroir
        De vérité.


2ᵉ DEMI-CHŒUR : les Vierges Sages.

Ah ! si la chaise
Sert à ceci,
Nous en sommes fort aises.
Nous, vierges sages, nous voici.

Vous, vierges folles,
Dansez vos farandoles.
Nous, vierges sages,
Penchons nos visages,
Penchons nos corsages
Sur d'autres usages
Plus sages.


CHŒUR DES APOTHICAIRES INDIGNES


Car la chaise n'est pas ce qu'un vain peuple pense :
Elle n'a qu'un trou, mais en récompense,
Selon le témoignage
Des sages,
Deux usages :
Elle rappelle au Souverain Pontife
Que son pouvoir n'est point définitif,
Que la splendeur avec la vi' cesse : —
*Memento, homo, quia pulvis es !*
--- Que ce qui fut poussièr' retourne à la poussière,
Qu'il faut que l'on digère ou qu'on périsse,
Que tout retourne à rien
Si l'on digère bien :
— *Et in pulverem reverteris !*

Et que le Paradis qu'ouvrent les clefs de Pierre,
Le ciel d'azur,
Séjour des cœurs purs,
C'est d'avoir de son ventr' liberté pleine, entière !


LES VIERGES FOLLES

Nous avons compris !
Mais chut! chut! chut ! chut ! chut !
C'est un mystère !


LES APOTHICAIRES ET LES VIERGES

Mystère,
Clystère !
Clystère,
Mystère !


LES APOTHICAIRES, sortant des seringues.

Voici les clefs du Paradis.
Perfectionné's depuis saint Pierre.
Ça entr', ça sort.
C'est à ressort,
Tout fait bon ventre
Pourvu qu'il entre.

C'est l'instrument
Charmant
Qui fait jut, jut, jut, jut.
Salut, saint Pierre,
Princ' des apothicaires,
Mais chut, chut, chut, chut, chut !
Et jut, jut, jut, jut, jut.

TOUTES LES VIERGES

Si vous croyez à des réclames
Pour des laxatifs
Lénitifs,
Infâmes,
— Tout de même, on n'est pas des juifs —
Bonnes âmes,
Vous vous trompez,
Nous songeons au salut,
Pas plus,
De vos âmes,
Car les hérétiqu's sont, sont les gens constipés !
Vous, fidèles, allez en paix.

Entrée et CHŒUR DES FIDÈLES CONSTIPÉS

Nous accourons à tire-d'ailes
Demander le baiser de paix.

— 96 —

C'est nous qui sommes les fidèles
Constipés, hélas, constipés !
Nous n'parlons plus qu'à demi-mot
Et nous attendons sous l'ormeau,
Nous attendons sous les murailles
La délivranc' de nos entrailles,
Nous espérons que notre obole
Nous rendra peut-êtr' la parole.
      Nos carêmes,
     Jeun's extrêmes,
    Prièr's pour le r'pos
      Des âmes,
   Dessèchent nos peaux,
 N'rempliss'nt guèr' nos pots.

LES VIERGES

Le bon peuple qui n'a pas vu le Pap' du tout,
Ce bon peuple s'en va maintenant voir le trou
   Par lequel passait quelque chose,
      Apothéose
    Du pot aux roses !

LES FIDÈLES

Assis sur cette auguste Chaise,
Nous nous sentirons plus à l'aise,

— 97 —

La terreur et l'émotion
Vont nous servir de potion.
Le pape a la clef du mystère,
Rendons la poussière à la terre.
Dieu fasse
La grâce
Que le pouvoir du Saint Père
Opère.
Le Purgatoire
Urge,
Le Consistoire
Purge.
Quand nos péchés seront purgés
Nous nous sentirons plus légers,
Et nous fuirons à tire-d'ailes,
Nous, les fidèles,
N'étant plus désormais
Constipés.


CHŒUR GÉNÉRAL

Mais chut, chut, chut, chut, chut !
Et jut, jut, jut, jut, jut.

Sortie burlesque des Apothicaires et
des Fidèles. Tarentelle des Vierges
Sages et des Vierges Folles.

*SCÈNE II*

CARDINAUX, AMBASSADEURS, LE COLONEL

**PREMIER CARDINAL**

Enfin, nous avons un pape !

**DEUXIÈME CARDINAL**

Ç'a été dur.

**TROISIÈME CARDINAL**

Il paraît même, d'après la cérémonie, que c'est
un pape considérable !

**PREMIER CARDINAL**

Qui l'eût pensé à voir ce visage imberbe ?

QUATRIÈME CARDINAL

Les apparences réservent parfois des surprises, n'est-ce pas votre avis, colonel?

LE COLONEL

Moi, vous savez, je crois que j'ai un peu dormi pendant la cérémonie. J'étais de garde.

L'AMBASSADEUR ALLEMAND, à l'Ambassadeur belge.

Il était soule !

L'AMBASSADEUR BELGE

Les Italiens, ça saïe pas boire comme nous !

PREMIER CARDINAL

Alors, colonel, vous n'avez rien vu ?

LE COLONEL

Nous autres militaires, la consigne nous interdit de nous occuper des choses politiques. Mais je crois

que j'ai été solide au poste. En avant ! Heu heu heu
heu heeemm !



Quel blagueur !

Bruit à la cantonade, panique générale.

PREMIER CARDINAL

Qui vient troubler ici nos innocents divertisse-
ments ?

L'AMBASSADEUR BELGE

On peuïe comme pas boire son verre tranquille ici !


SCÈNE III

LES MÊMES, LE CONCIERGE DU VATICAN, puis LES
HIGLANDERS, PICKPOCKETS et TOURISTES ANGLAIS,
puis SALUTISTES

LE CONCIERGE, haletant.

Messeigneurs, colonel, la suite de l'ambassade anglaise est à la porte des jardins. Ils ont ameuté les

touristes et réclament à grands cris leur maître. Ils
ont tué le grand muletier !

LE COLONEL

Nous allons les mettre à la raison. Combien sont-
ils ?

LE CONCIERGE

Ils sont dix mille !

LE COLONEL

Faites entrer !... Zouaves !

> Les Zouaves se précipitent sur la scène.

Rassemblement, à droite alignement, fixe, croi-
sez... ettes !

> Les Zouaves croisent la baïonnette du
> côté où les Anglais doivent appa-
> raître. Les ambassadeurs et les car-
> dinaux se mettent debout sur les
> chaises et les tables.

Tu saïe, colonel, nous autres on est inviolable, savez-vous !



Que personne ne touche à ma moustache.

Il la fixe.



Moment solennel.

Un instant de silence profond. Les<br>
clairons des zouaves sonnent le<br>
garde à vous.<br>
Entrent en dansant et tournant sur<br>
eux-mêmes, cinq HIGHLANDERS ridi-<br>
cules, jouant du bag-pipe en d'é-<br>
normes instruments qu'ils pressent<br>
sur leur poitrine et dont les outres<br>
affectent des formes de seins.



Les bag-pipes sont les seules poitrines qu'on voie en Angleterre !

Des TOURISTES entrent dans des cos-<br>
tumes carnavalesques , lentement<br>
guidés par le CAPITAINE COOKS.

— 103 —

14

CHŒUR DES TOURISTES, lisant dans des Baedeker qu'ils tiennent à
la main.

Baedeker,
Robert Macaire !
Au Vatican, la collection des Antiques
Est la premièr' du monde et la plus authentique...
Elle n'est pas encore commencée.
La plus grande partie en sera dispersée,
En petits souv'nirs pour touristes étrangers.

Ils tournent autour des statues, des
cardinaux et des zouaves, s'efforçant d'en détacher subrepticement
quelques fragments.


CHŒUR DES PICKPOCKETS

Narguons les dangers,
Marchons les mains dans les poches
Sans avoir l'air de rien,
Dans les poches de nos proches,
S'il n'arriv' pas d'anicroches
Ça donne un maintien
Et ça soutient.

Ils s'amusent à voler aux zouaves
quelques baïonnettes.

Baedeker !




Robert Macaire !

> Les trompettes des Zouaves resonnent
> le « garde à vous ». Grand vacarme
> des deux partis, corsé par l'arrivée
> d'une grosse caisse et d'instruments
> de l'Armée du Salut. Le Colonel
> pousse son grand cri, mais ne peut
> plus se faire entendre. Les High-
> landers s'essoufflent. Le Colonel
> pousse un cri désespéré, ou plutôt
> c'est l'orchestre qui donne la note
> que ne peut plus faire entendre le
> Colonel.

*SCÈNE IV*

LES MÊMES, plus JANE et le MOUTARDIER

Jane paraît sur le perron. Silence subit. Jane fait un grand geste et
congédie les combattants, qui sortent sur une musique à faire pleurer
les ours. Jane descend le perron appuyée sur le bras du Moutardier.

LE MOUTARDIER

A quoi pensez-vous, Saint Père ? Vous avez l'air
mélancolique. Tu n'es donc pas contente d'être pape,
ni qu'on proclame officiellement que tu as tout ce
qu'il faut pour être pape ?

JANE

Si tu crois que c'est amusant de passer pour un
homme ! Ça écarte les amateurs.

LE MOUTARDIER

C'est ce qu'il faut.

JANE

Et puis il n'y a pas que ça qui m'embête. Je pense
à ce pauvre mari qui se morfond tout seul dans les
oubliettes.

LE MOUTARDIER

Ton mari ! Vous y pensez beaucoup trop, Saint
Père ! moi je trouve qu'il est fort bien où il est.

JANE

Oh ! lui, ça m'est égal. Seulement, il y a tous ces
idiots qui vont encore marcher dans les plates-
bandes et tout casser jusqu'à ce qu'on le leur ait
rendu... Tiens, c'est drôle, de parler de mon mari,
ça me donne des idées de me remarier.

LE MOUTARDIER

Te remarier ! Retourner avec cet imbécile !

JANE

Oh ! celui-là ou un autre ! Me remarier, une idée
comme ça ! avec le premier imbécile venu.

Choisis-moi, dis !

DUO

JANE, le MOUTARDIER

Au prix de la beauté,
Qu'est-c' que la papauté ?
Voici le voile ôté
Par notre volonté.
Sonnez, baisers, fanfares !
Fanfares les plus rares.
L'amour qui se déclare
Vaut mieux que la tiare.
Nos cœurs sont grands seigneurs.
Je puise mes bonheurs
Au fond de ton image.
Remportez l'encens, mages !
Si l'homme a les honneurs,
La femme a les hommages.
Voici le voile ôté...

LE MOUTARDIER

Mais, imbéciles que nous sommes, nous n'y avons
pas pensé. Tu ne peux pas te marier avec moi. Tu

es déjà mariée. Le mariage est une chose sacrée, indissoluble. Tu vas être bigame.

JANE

Peuh !

LE MOUTARDIER

Et puis, encore, mais tu es pape !

JANE

Pape ! mais voilà notre affaire ! C'est bien le moins que cette situation me serve à quelque chose. Tu vas voir. Appelle tout le monde.

LE MOUTARDIER

Même ton mari ?

JEANE

Surtout mon mari. Fais-le repêcher de son oubliette !

— 109 —

LE MOUTARDIER

Pour le repêcher, je vais appeler le colonel Main-
Forte de Costo, qui aime à taquiner l'ablette (Criant)
Ohé ! colonel !


## SCÈNE V

### LES PRÉCÉDENTS, LE COLONEL, LA FOULE, puis SIR JOHN OF EGGS


LE COLONEL, arrivant avec une foëne.

Je pêchais précisément, Saint Père, j'ai mon tri-
dent, comme Neptune !

Il « présente » son arme.


LE MOUTARDIER

Alors continuez ! Voilà votre proie !

Le Moutardier lève le couvercle de l'oubliette.

LE COLONEL

En avant ! heu heu hem !

> Le colonel se précipite vers le trou et
> y enfonce son engin tout entier.
> Sir John grimpe comme un singe
> le long du manche et apparaît ruis-
> selant.


## SCÈNE VI

## LES MÊMES, SIR JOHN

AIR DE L'OUBLIETTE

SIR JOHN OF EGGS

Hou ! hou ! hou !
L'ou-
Bliette,
C'est un trou
Rhumatismal,
Sous une dalle
Où l'on est très mal.
L'oubliette
Fait risette
Comme un piège à loup !

Rendez-vous
De la diète,
De la miette,
De la suette,
De l'ablette,
Des poux,
Des vieux clous,
De tout,
De tout ce qu'on jette
Et du tout à l'égout.
C'est au-d'ssous
De tout !
Poubelle,
T'es pas belle !
Hou ! hou ! hou !

J'suis dans l'état d'esprit d'un singe
Qu'aurait bien besoin d'changer d'linge.

Par le trou rond, seul astre de mon ciel,
Je ne voyais filtrer lueur aucune.
Pour l'astronom' le moins superficiel
C'était bouché, c'était un' nuit sans lune.
Ah ! que j'aurais été plus aise
D'êtr' dans l'sixième dessous d'la chaise !
Hou ! hou ! hou !

Eh bien, mon vieux, ça nous en donnera encore
une besogne de te retirer de là-dedans après qu'on
t'y aura fait rentrer.



Soyons circonspect !

A Jane.

O Saint Père, grâce ! Retourner dans ce trou ! Que
faut-il faire pour mériter votre pardon ?



Eh bien, c'est simple. Tu vois où mène le mariage.
Voilà ce que c'est que de courir après les femmes.



Même après la sienne ?

Surtout après la sienne. Mais le pape est là pour
sauvegarder la morale. T'as bien sur toi ton contrat
de mariage ? Fais voir.

Des valets pontificaux portent sur un<br>
coussin de satin blanc le contrat que<br>
leur remet Sir John et le présentent<br>
à la Papesse.

JANE

T'aurais pas pu déposer ton contrat au vestiaire
avant de barboter là-dedans ? Il est dégoûtant !

Aux valets.

Apportez des pincettes !

SIR JOHN, à part.

Elle en a, du culot ! Et dire qu'elle a passé sur la
Chaise ! Qu'ont-ils donc vu, goddam, qu'ont-ils donc
vu ?

JANE

Moutardier, mettez-vous à notre droite ! Vous
n'avez pas de gants ? Prenez ceci.

Elle lui donne les pincettes.

Et vous, sir John, gardez les vôtres ! Ils sont assez
noirs... Et mettez-vous à notre gauche ! Bon !



Tenez chacun par un bout et tirez fort ! Une, deux,
trois !



Et voilà comment le pape casse un mariage !



Maintenant, tu es libre !



Mais ne t'en va pas, c'est pas fini ! Pour être bien
sûr que tu laisseras ta femme tranquille, le pape t'en
donne une autre. Et bien choisie !... n'importe laquelle !

LA CAMÉRIÈRE, s'avançant timidement.

Saint Père...



JANE

Allez ! Allez ! mes enfants, ayez-en beaucoup
d'autres !

## LA CAMÉRIÈRE

AIR

Nous sommes unis,
Bénis,
N, i, ni,
C'est fini,
C'est un peu fictif,
C'est un peu hâtif
Mais définitif !
O mon blond milord que j'aime,
Vous êtes mon quatrième,
Mais, par ma foi,
Je ne me souviens plus des trois,
Je ne regrette point les trois.
Un pape encor,
Mon blond milord,
Car le vrai pape
C'est celui
Qui point ne s'échappe,
Celui que l'on tient aujourd'hui.
Dieu seul a dans sa main
Le pape de demain.
Oui, vous êtes mon quatrième,
Oui, mon bel Anglais, je vous aime.

Nous sommes unis,
            Bénis
         N, i, ni,
         C'est fini !
Ou plutôt notre amour immense
Seulement aujourd'hui commence.


JANE

Vous êtes heureux, alors ! Remerciez le pape ! Et
comme le pape veut être heureux aussi, moi aussi je
veux me marier !


CHŒUR

Comment ! le Pape se marie !
C'est de la fantasmagorie !
Faut-il qu'on pleur' ? Faut-il qu'on rie ?
Quel est cet étrange dessein
Qui tourmente le Père Saint ?
A cett' raison l'on obtempère
Qu'ainsi le Saint Pèr' sera père,
Mais alors il n'sera plus saint.
O Rom', rejette de ton sein
         Le Saint Père !

— 117 —

Eh oui ! Je me marie !



Pourquoi ? Pourquoi ?



Parc' que souvent femme varie :
La femm' c'est moi !



La femm', c'est toi ?

JANE, LE MOUTARDIER, SIR JOHN, à la Camérière,
LA CAMÉRIÈRE

<pre>
La  ⎫            ⎧ moi !
Ma  ⎬ femm' c'est ⎨ toi !
Ma  ⎬            ⎨ toi !
Ta  ⎭            ⎩ moi !
</pre>

Je dis moi, Moutardier, qu'ici se déshabille,
En vérité,
Sa Sainteté.
A l'envers de la formule
Dansez le pas de la mule !


JANE

Zut ! posons l'manteau,
Ce n'est pas trop tôt.
Je ne dissimule
Rien au pas d'la mule !


CHŒUR

Le déshabillage est corsé.
C'est une femme, c'est forcé,
Car ce pape porte un corset !


JANE

Rien ne m' dissimule
Au pas de la mule
Qu'un corset prudent.

CHŒUR

Et sans précédent.

LES CONTROLEURS, chevrotant.

Mais quelle est cette antienne ?
Quel spectacle imprévu ?
Le Pap' nous l'avons vu,
Y a pas de corset qui tienne.
Le Pap' nous l'avons vu.
Nous n'faisons pas d'bévue :
Le pap' nous l'avons vu,
Le vrai Pape de Rome,
Le Saint Pèr', le saint homme,
Le Pap' nous l'avons vu !
Le Pap' ! nous l'avons vu !
Le Pap' ! nous l'avons vu !

Ils piaillent ce dernier vers indéfiniment.

JANE

Au trésor de la basilique
Remportez la tiare ; j'abdique,
La tiare n'est pas authentique.

— 120 —

Le tiare n'est pas authentique ?


LES CONTROLEURS, sans arrêt.

Le Pap' nous l'avons vu !


JANE

Ce Pape qui s'offrit à vos yeux étonnés,
Je vous le jure sur mon salut éternel,
Peuple, ce Pape-là, c'était le colonel !


TOUS

Le colonel !


LE COLONEL, parlé.

Quel trait de lumière !


JANE

Il fera votre affaire, allez, je m'y connais.

<table>
<tr><td align="center">CHŒUR</td><td align="center">JANE</td><td align="center">LES CONTROLEURS</td></tr>
<tr><td align="center">Le colonel !</td><td align="center">Je m'y connais !</td><td align="center">Nous l'avons vu !</td></tr>
</table>

CHŒUR

O Rome ,reçois dans ton sein
Le colonel, notre Saint Père,
Qui, s'il n'a rien pour être saint,
Doit avoir tout pour être père.
Sois fière,
O Rome,
Qu'il se montre homme !
O Rome, reçois dans ton sein
Le Saint Père.
Gloire au saint Père !
Gloire au saint homme !

JANE, LE MOUTARDIER, SIR JOHN, LA CAMÉRIÈRE

La ⎫
Ma ⎪ femm', c'est ⎧ moi !
Ma ⎬            ⎨ toi !
Ta ⎭            ⎩ toi !
               moi !

*Finale.*

JANE

Si l'œil humain est sujet à l'erreur
Et que se tromp' le plus habil' flaireur,
 Sous la chaise mettez, procédé mirifique,
Un appareil photographique.
Mais il faut veiller, et pour cause,
A c'qu'on n'chang' point l'sujet pendant la pose


CHŒUR GÉNÉRAL

Si l'œil humain, etc...


*Fin*

Saint-Amand (Cher). — Imprimerie BUSSIÈRE.